PARTICIPATION

DU PORT DE BREST

A LA GUERRE DE 1870-1871

PARTICIPATION

DU

PORT DE BREST

A LA GUERRE DE 1870-1871

PAR

P. LEVOT

Conservateur de la Bibliothèque du Port de Brest,
Correspondant du ministère de l'instruction publique pour les
travaux historiques, etc., etc,

BREST

IMP. DE J. B. LEFOURNIER AÎNÉ, GRAND'RUE, 86

1872

PARTICIPATION

DU

PORT DE BREST

A LA GUERRE 1870-1871

Si la marine n'a pas joué, pendant la dernière guerre, le rôle qui lui était naturellement dévolu, et qu'elle aspirait à remplir, c'est qu'elle en a été empêchée par l'imprévoyance de ceux qui avaient engagé cette lutte néfaste. Quand nos revers ont obligé à renoncer à toute attaque extérieure pour employer ce qui restait de forces vives du pays à la défense exclusive de son territoire envahi, elle a noblement payé sa dette et ajouté plus d'une page glorieuse à son histoire. Le port de Brest y occupera une place honorable, en raison, soit de la féconde activité qu'ont déployée tous les services de l'arsenal, soit du patriotisme, du courage et de la discipline des officiers, marins et soldats qui en ont été détachés pour concourir à la défense nationale.

Dès le 6 juillet, le port de Brest avait reçu l'ordre d'armer un certain nombre de bâtiments destinés à des opérations exclusivement maritimes. L'ardeur fut telle dans l'arsenal, que, le 13, le ministre félicitait le vice-amiral Reynaud, préfet maritime, de la prompte exécution de ses ordres ; et, que, le 19, la rentrée des officiers de congé et l'arrivée des marins de levée permettaient l'expédition des bâtiments qui devaient, ou défendre nos côtes, ou agir contre celles de la Prusse. Le 26, mouilla sur la rade l'escadre de la Méditerranée, commandée par le vice-amiral Fourichon, et comprenant 3200 rationnaires. Le ravitaillement de cette escadre en vivres et en matériel obligea à un surcroît d'activité qui eut pour résultat son appareillage, le 7 août, pour la mer du Nord, sa nouvelle destination. Ce jour-là même, le préfet recevait, avec la nouvelle de no tre défaite à Wœrth, l'ordre de faire tous les efforts possibles pour sauver Paris, et de préparer le départ, dans le plus bref délai, des équipages de la flotte, organisés en bataillons de marche, et des autres troupes de la marine. Le décret du 13 août, qui déclara la ville et le port en état de siége sous le commandement supérieur du vice-amiral Reynaud, assura à l'ensemble des opérations l'unité de direction nécessaire. Sous l'impulsion de cct officier général, les divers services du port redoublèrent d'activité. A compter de ce jour, dix mille ouvriers, en moyenne, furent employés dans les divers ateliers. Là, comme dans les bureaux, le travail de nuit s'ajouta à celui du jour, même les jours fériés. Le port n'était approvisionné qu'en vue des besoins courants, comme si les promoteurs de la guerre s'étaient bercés du fol espoir qu'elle se serait bornée à une promenade militaire de quelques jours, terminée par un nouveau Sadowa, fatal cette fois aux Prussiens, et couronnée par une paix dictée à Berlin. Le commissariat, par environ onze cents marchés ou conventions, conclus en toute hâte, et généralement à des conditions plus favorables qu'on n'avait droit de s'y attendre, en raison des circonstances, pourvut à tous les besoins, et fournit ainsi aux divers services les moyens d'accomplir leur tâche respective, de manière à justifier de nouveau les félicitations du ministre de la marine, consignées en ces termes dans sa dépêche du 28 décembre 1870, adressée au préfet maritime :

« J'apprécie les difficultés que vous
» avez eues à combattre et le dévouement
» avec lequel l'administration du port de
» Brest fait face aux obligations multi-
» ples que lui impose l'état de choses ac-
» tuel.

» Je vous félicite, M. le Préfet, de ces
» résultats, et je vous prie d'être l'inter-
» prète de ma satisfaction auprès de tout
» le personnel qui vous seconde avec au-
» tant de zèle que d'activité.

» Recevez, etc.   » FOURICHON. »

Un nouvel et éclatant témoignage de satisfaction fut donné à M. le préfet maritime par son élévation au grade de grand'croix de la Légion d'honneur.

Le travail qui suit démontrera combien étaient fondées les félicitations du ministre. Mais, avant de l'entreprendre, c'est tout à la fois un devoir et une satisfaction pour son auteur de consigner ici l'expression de sa reconnaissance, non seulement pour M. le ministre de la marine qui a bien voulu l'autoriser, mais encore pour les divers chefs de corps ou de services qui, sur l'invitation de M. le vice-amiral baron Didelot, préfet maritime à Brest, se sont empressés de lui fournir tous les documents nécessaires pour en assurer l'exactitude.

CORPS DE LA MARINE

DIVISION DES ÉQUIPAGES DE LA FLOTTE

Commandant en 1er M. le capitaine de vaisseau Picard.

Du 13 juillet 1870 au 14 mai 1871, cette division a expédié 14,351 hommes dont 6,320 ont été embarqués sur les bâtiments de la flotte; 3,014 ont composé les bataillons ou compagnies de marche, ou fait partie des flottilles de la Seine et de la Loire, et 5,197 ont été détachés sur d'autres divisions.

Ces diverses destinations ont donné lieu à des mouvements de personnel (entrées et sorties) atteignant les chiffres suivants :

1870.

2e trimestre.............	5,863
3e —	22,738
4e —	13,809

1871.

1er trimestre.............	16,493
2e —	10,372
Total......	69,275

La division a en outre fourni le nombre de corvées ci-après nécessitées tant par ses propres besoins que par l'assistance qu'elle a prêtée aux autres services du port.

CORVÉES EXTÉRIEURES.

1870.

2e trimestre......	9,133
3e —	61,735
4e —	128,711

1871.

1er trimestre.....	92,797	
2e —	16,293	308,669
Corvées intérieures....		72,045
Total général......		380,714

Les mouvements résumés ci-dessus avaient donné lieu, jusqu'au 6 août 1870, à l'embarquement à Brest, ou à l'envoi dans les autres ports, de 4,384 hommes expédiés, soit par détachements, soit isolément, en vue d'opérations exclusivement maritimes. Lorsque parvinrent, le 7 août, les premiers ordres d'envoyer des renforts aux armées de terre, on redoubla d'activité. La solide organisation de la division l'avait préparée de longue main à toutes les éventualités. Aussi l'exécution des ordres du ministre fut-elle instantanée.

Le 13 août a eu lieu le départ du 1er régiment de marche, sous les ordres supérieurs de M. le capitaine de vaisseau Mallet, promu contre-amiral le 2 janvier 1871. Ce régiment, qui a défendu le fort de Rosny pendant le siége de Paris, se composait de trois bataillons commandés par MM. les capitaines de frégate de Bray, Ladrange et Ollivier (1).

M. le capitaine de vaisseau Payen a pris, le 24 septembre 1870, le commandement supérieur des 1er et 2e bataillons de marche commandés, le premier par le capitaine de frégate Cossé qui a pris, le 1er

----

(1) Chaque bataillon de marche de marins, commandé par un capitaine de frégate, se composait de six compagnies, fortes chacune de 120 à 130 hommes, et commandées par un lieutenant de vaisseau ou un enseigne de vaisseau, ayant sous leurs ordres un enseigne faisant fonctions de lieutenant et un maître celles de sous-lieutenant. Un lieutenant de vaisseau et un officier du commissariat étaient attachés à chaque bataillon, le premier comme adjudant-major, le second comme comptable.

décembre 1870, le commandement supérieur de la place de Landrecies et est rentré au port le 14 mars 1871 ; le second,
par le capitaine de frégate Delagrange qui
a été chargé, le 6 décembre 1870, avec le
titre de colonel, de l'organisation du 47e
régiment des gardes mobiles et a commandé, du 1er février au 8 mars 1871, une
brigade d'infanterie du 23e corps. — Le
commandant Payen promu, le 1er janvier
1871, général de brigade au titre de l'armée auxiliaire, dans l'armée du Nord, a
cessé son commandement le 12 mars suivant.

M. le capitaine de frégate Du Temple
(Jean-Louis-Rivallon), après avoir suivi, du
12 septembre au 20 octobre 1870, les travaux du fort Montbarrey, a pris, à cette
dernière date, le commandement du 3e
bataillon de marche. Général de brigade
dans l'armée auxiliaire, il a commandé le
corps d'armée de la Nièvre et est rentré au
service de la marine le 29 avril 1871.

M. le capitaine de frégate Ansart a pris,
le 1er novembre 1870, le commandement
du 4e bataillon de marche. Nommé, le 22

janvier 1871, colonel, au titre de l'armée auxiliaire, du régiment de marins de la 1re division d'infanterie du 25e corps d'armée, il est rentré à Brest le 18 mars 1871.

M. le capitaine de frégate Zédé a commandé, du 26 décembre 1870 au 30 mars 1871, le 4e bataillon de marche à Cherbourg.

M. le capitaine de frégate Testard du Cosquer a pris, le 5 novembre 1870, le commandement du 5e bataillon de marche. Rentré au port, le 19 décembre suivant, il a été remplacé par M. le capitaine de frégate Sarlat, du département de Rochefort.

OFFICIERS DÉTACHÉS

D'autres missions ont été remplies par MM. les officiers supérieurs ci-après :

M. le capitaine de vaisseau Thomasset, promu contre-amiral, le 23 janvier 1871, a commandé, du 21 août 1870 au 16 février 1871, la flottille des canonnières de la Seine; M. le capitaine de vaisseau Mouchez, comme chef de division, celle de l'embouchure de la Seine au Havre, du 20 novembre 1870 au............, et M. le capitaine de vaisseau Prouhet, celle de la Loire, du 22 novembre 1870 au 15 février 1871.

M. le capitaine de vaisseau Zédé a été nommé, le 28 août 1870, au commandement de l'un des forts de l'enceinte de Paris, et M. le capitaine de vaisseau Protet a été mis, le 9 septembre 1870, à la disposition de M. le contre-amiral Fleuriot de Langle, commandant un des secteurs de cette enceinte.

M. le capitaine de vaisseau Monjaret de Kerjégu s'est rendu, le 1ᵉʳ décembre 1870, à l'armée de la Loire pour prendre le commandement de la première brigade de la première division du 16ᵉ corps d'armée. Général de brigade, le 8 décembre 1870, il a commandé jusqu'au 8 avril 1871 la subdivision du Morbihan.

M. le capitaine de vaisseau de Guilhermy, parti le 8 décembre 1870, pour se rendre à Evreux et prendre le commandement de la subdivision de l'Eure, a été blessé, le 17 de ce mois, et est rentré au port le 9 janvier 1871.

M. le capitaine de vaisseau baron Duperré a pris, le 30 décembre 1870, le commandement de l'enceinte bastionnée de Cherbourg.

M. le capitaine de frégate Orsel a commandé à Lyon, du 22 octobre 1870, un bataillon auxiliaire du génie.

M. le capitaine de frégate Lartigue, nommé colonel dans l'armée auxiliaire, le 24 novembre 1870, a pris le commandement de la subdivision de la Charente, et relevé de ce commandement, le 28 avril 1871, il est rentré au port le 7 mai suivant.

M. le capitaine de frégate Collos a commandé, à titre provisoire, du 28 novembre 1870 au 23 mai 1871, les subdivisions du Jura et de l'Ain.

MM. les capitaines de frégate Du Temple (Jean-Louis-Rivallon), Zédé et Vrignaud ont commandé successivement le fort de Montbarrey, le premier du 12 septembre au 20 octobre 1870; le second du 3 novembre au 26 décembre 1870; et le troisième, du 28 décembre 1870 au 5 mars 1871; et MM. les capitaines de frégate

Joubert, Tirard et Cany, ceux de Questel-Bras, de Penfeld et de Keranroux dans l'intervalle du 12 septembre 1870 au 5 mars 1871.

Enfin, pendant l'insurrection de Paris, les lieutenants de vaisseau Lamarche, Le Barzic, de Langsdorff, Le Bras, de Rotrou et l'enseigne Prévost ont été détachés à l'armée de Versailles.

Ne pouvant, quant à présent, suivre dans leurs divers mouvements les officiers de vaisseau de tous grades qui ont été détachés du port de Brest pendant la guerre, nous nous bornerons ici à en indiquer le chiffre. — Il a été de 128, savoir : 10 capitaines de vaisseau (deux ont été promus contre-amiraux); 17 capitaines de frégate; 65 lieutenants de vaisseau et 36 enseignes de vaisseau.

Lorsque nous aurons réuni tous les documents faisant connaître exactement les opérations qu'ont dirigées ou auxquelles ont concouru les officiers de vaisseau détachés du port de Brest, nous en ferons l'objet d'un travail spécial. Laissant à de plus compétents le soin d'exposer, avec l'autorité qui leur est dévolue, le détail des combats qu'ils ont livrés ou soutenus, comme celui des mouvements stratégiques qui les ont précédés ou suivis, nous nous bornerons à un sommaire de leurs opérations. Quant à ceux d'entre eux qui ont concouru à la défense de Paris, les éminents services qu'ils ont rendus ayant été mis en lumière par un officier général de la marine dont le remarquable travail ne laisse, sous aucun rapport, rien à désirer, l'abstention nous sera naturellement et justement commandée à leur égard.

2ᵉ COMPAGNIE DE GENDARMERIE MARITIME

Le 24 juillet 1870, en exécution de la dépêche du 22 du même mois, un brigadier et cinq gendarmes ont été expédiés à Paris pour être spécialement chargés de la garde de l'hôtel du ministère de la marine, et, le 26, un brigadier et deux gendarmes ont été attachés au service de la prévôté de la division d'infanterie de la marine. Ces neuf hommes ont pris part aux opérations militaires. Les trois de la prévôté ont suivi la marche sur Sedan, d'où l'un est revenu malade; le second s'est échappé après avoir été plusieurs jours au pouvoir de l'ennemi, et le troisième a été emmené en captivité. Les six gendarmes détachés au ministère de la marine ont pris part aux opérations du siége, et ont accompagné le vice-amiral de la Roncière le Noury à la défense de Saint-Denis.

Quant à l'effectif de la compagnie resté à Brest, effectif au-dessous du chiffre réglementaire de 90 hommes, il se composait alors de trois officiers et 65 sous-officiers, brigadiers et gendarmes qui furent bientôt chargés d'un service de jour et de nuit tout à fait exceptionnel. Le départ de toutes les troupes disponibles de la marine et de la guerre avait entraîné la suppression des postes militaires dans l'arsenal dont la surveillance a reposé uniquement sur la discipline et le dévouement bien connus de la gendarmerie. Une activité fébrile régnait alors dans le port de Brest qui recevait de tous côtés des approvisionnements considérables de grains, de matériel et de munitions, réexpédiés après transformation. Ces mouvements commandaient une vigilance qui n'a jamais été en défaut.

ARTILLERIE DE LA MARINE

Au moment de la déclaration de guerre, le personnel de l'artillerie de la marine, au port de Brest, se composait comme suit :

DIRECTION DE L'ARTILLERIE ET SERVICE DES TROUPES DE L'ARME

1 Colonel directeur et commandant supérieur des troupes de l'arme, M. Sapia comte de Lencia.

Etat-major particulier

1 Lieutenant-colonel sous-directeur, M. Chevillotte.

1 Chef d'escadron, M. Mazières ; 3 Capitaines en 1er, MM. Chevillon, Blanchard et Chaillon ; 2 Capitaines en 2e, MM. Beauvais et Méry ; 11 Employés militaires (gardes d'artillerie, comptables et professionnels), employés à la direction.

1ʳᵉ Compagnie d'ouvriers

1 Capitaine en 1ᵉʳ commandant, M. Henriot.

1 Lieutenant en 1ᵉʳ, M. Larrodé.

140 Hommes de troupes.

Dépôt de la 6ᵉ Compagnie d'ouvriers

1 Capitaine en 1ᵉʳ commandant, M. Groussard.

1 Sous-lieutenant, M. Houel.

40 Hommes de troupes.

18ᵉ batterie du régiment d'artillerie

1 Capitaine en 1ᵉʳ commandant, M. Deshayes.

1 Sous-lieutenant, M. Robin.

150 Hommes de troupes.

2° ÉTABLISSEMENT DES FORGES DE LA VILLENEUVE.

1 Lieutenant-colonel, directeur, M. Smet.

1 Chef d'escadron, s.-direct., M. Chauvé.

1 Lieutenant, M. Deman.

1 Employé militaire.

Ensemble : 17 officiers, 12 employés militaires et 330 hommes de troupe, effectif auquel il convient d'ajouter, pour être complet, 7 gardiens militaires de batterie et 196 armuriers militaires de la marine (chefs, maîtres, seconds-maîtres et quartiers-maîtres armuriers).

Dans les premiers jours qui suivirent la déclaration de guerre, cet effectif s'accrut de celui de deux batteries du régiment, envoyées de Lorient pour concourir à l'armement et à la défense de la rade et du goulet de Brest.

14e Batterie

1 Capitaine en 1er, commandant, M. Horr.
1 Lieutenant, M. Fenaux.
100 Hommes.

28e Batterie

1 Capitaine en 1er, commandant, M. de Pellerin-Latouche.
1 Sous-lieutenant, M. Guérin.
100 Hommes de troupes.

L'une de ces batteries fut détachée dans les ouvrages défensifs de la côte nord du goulet, l'autre dans ceux de la côte sud.

Mais, les événements se précipitant, deux des batteries précitées, la 18e (capitaine commandant Deshayes) et la 14e (capitaine

commandant Horr), furent appelées à
Paris, où elles participèrent à toutes les
opérations du siége, et il ne resta à Brest
que la 28e compagnie (capitaine commandant de Pellerin-Latouche), portée à un
effectif rond de 150 hommes qu'elle con-
serva jusqu'à la paix.

Cette batterie fut répartie sur les deux
rives du goulet, le capitaine-commandant
demeurant de sa personne au fort du
Porzic, sur la côte nord, et son lieutenant
sur la côte sud, au fort de Cornouaille.
Elle fut maintenue dans cette position
jusqu'à la paix.

D'autre part , les effectifs des deux
compagnies d'ouvriers ne tardèrent pas à
s'accroître, par suite de la rentrée des
hommes en congé renouvelable, du rap-
pel des anciens militaires, des engage-
ments volontaires et de l'appel des classes.
Elles atteignirent ainsi :

La 1re cie un effectif de.   395 hommes.
La 6e   id...........   280
                            ————
                Total....   675

Soit, avec les 150 hommes de la 28e batterie, un effectif total de 825 hommes d'artillerie.

Dans le même temps l'effectif d'officiers de ces deux compagnies s'augmentait d'un lieutenant et d'un sous-lieutenant, MM. Fonné et Kerdodé.

Dans le courant du mois d'août, furent appelés à remplir à Paris un service de guerre, indépendamment du personnel des 14e et 18e batteries : 1o M. le lieutenant-colonel Chevillotte, qui fut durant le siége chef d'état-major, en premier lieu de M. le général de division Frébault, ensuite de M. le général de division Pélissier ; nommé colonel pendant le siége, il est aujourd'hui directeur à Lorient ; 2o M. le capitaine Chevrillon, qui, mis à la disposition du gouverneur de Paris, servit dans l'artillerie de la garde mobile de la Seine, et fut nommé pendant le siége officier de la Légion d'honneur et chef d'escadron ; il a pris depuis sa non-activité ; 3o M. le capitaine Méry.

Vers le même temps, M. le chef d'escadron Chauvé fut envoyé à Cherbourg pour y commander deux batteries du régiment de l'arme qui furent employées, d'abord à la mise en état de défense de la digue et des forts de la rade, et, un peu plus tard, à la construction et à l'armement des lignes de Carentan. En novembre, cet officier supérieur fut mis à la disposition du département de la guerre pour commander, à l'armée de la Loire, et peu de temps après à la 2e armée, l'artillerie de la 1re division du 21e corps, composée de 3 batteries de 4 rayé de campagne, dont tout le personnel, servants des pièces et conducteurs, était fourni par l'artillerie de la marine (batteries 25, 25 *bis* et 25 *ter* du régiment de l'arme), et auxquelles furent éventuellement adjointes, pendant la campagne, une section de 12 rayé de campagne, servie par les mobilisés de Maine-et-Loire, et une batterie de canons à balles, servie par l'artillerie de terre.

M. le commandant Chauvé prit part, en cette qualité, aux différentes opérations de guerre accomplies par la 1re division du 21e corps, et notamment au combat de Nogent où l'une de ses batteries fut détruite, et à la bataille du Mans. Le port de Brest lui envoya alors, pour réparer ses pertes, 60 hommes des 1re et 6e compagnies d'ouvriers d'artillerie de la marine ; mais par suite de la signature de l'armistice, qui eut lieu peu après, ces hommes ne furent point assez favorisés pour aller au feu. M. le commandant Chauvé est aujourd'hui à la direction d'artillerie de Brest.

Dans les premiers jours d'octobre, M. le capitaine Chaillon, nommé chef d'escadron, fut mis à la disposition du département de la guerre pour commander deux *batteries-mixtes* destinées à faire partie de la réserve d'artillerie du 15e corps (armée de la Loire, batteries dont le *personnel canonniers* était fourni par le régiment d'artillerie de la marine, et le *personnel conducteurs*, par le train d'artillerie, ce qui a fait nommer *mixtes* ces sortes de batteries). Il a pris part, en cette qualité, avec deux batteries sous ses ordres, aux affaires de Chambon, Sariteau près Schillers, Neuville, et à la défense d'Orléans après la reprise de cette ville

et la séparation de l'armée de la Loire en
1ʳᵉ et 2ᵉ armée, et a quitté la réserve du
15ᵉ corps pour aller à Cherbourg prendre
le commandement de deux batteries mixtes de 12 rayé de campagne, dont le personnel canonniers était fourni par l'artillerie de marine et faisait partie de la réserve d'artillerie du 19ᵉ corps, commandement qu'il a exercé jusqu'à la dissolution de ce corps d'armée, au mois de
mars. Il a alors rejoint Brest, et sert aujourd'hui à la Villeneuve, comme sous-directeur.

M. le lieutenant-colonel Smet, directeur de la Villeneuve, a été mis à la disposition du département de la guerre,
pour commander la réserve d'artillerie du
17ᵉ corps qui a fait partie de l'armée de
la Loire, et, plus tard, de la 2ᵉ armée. Il
a pris part, en cette qualité, à l'affaire de
Brou, et aux combats de Villepion, de Villorceau, de Cernay, de Villejouan, et à la
bataille du Mans. Il a été nommé officier
de la Légion d'honneur, à la suite du combat de Villorceau, et a exercé son commandement jusqu'à la dissolution du 17ᵉ

corps, en mars 1871. Il a alors repris la direction de la Villeneuve.

Dans les premiers jours de novembre, les 1re et 6e compagnies d'ouvriers d'artillerie de la marine à Brest fournirent le personnel canonnier (200 hommes) de deux batteries mixtes de 12 rayé de campagne, destinées à constituer la réserve d'artillerie du 18e corps, qui fit partie de l'armée de la Loire d'abord, et, plus tard, de la 1re armée ou armée de l'Est.

Ces deux batteries, dont l'une était commandée par le capitaine Groussard, l'autre par le capitaine Laberge, venu de Lorient, et qui comptaient parmi leurs officiers les lieutenants Fonné et Houel, furent placées sous les ordres de M. le chef d'escadron Mazières, et allèrent terminer leur organisation à Nevers, où les rallièrent conducteurs et chevaux. Elles prirent part aux affaires de Ladon et de Gien, ainsi qu'aux combats de Villersexel et d'Héricourt, où elles eurent quelques hommes tués et un assez grand nombre de blessés, dont plusieurs très-grièvement, parmi lesquels le capitaine Laberge. Elles firent partie de la portion de l'armée qui se trouva contrainte, après l'affaire de Pontarlier, de chercher un refuge en Suisse, où elles demeurèrent internées jusqu'à la paix.

Rentrant de Suisse et arrivant à Paris, au moment de l'insurrection de la Commune, M. le commandant Mazières a été arrêté à la gare par les insurgés, dont il est resté le prisonnier pendant huit jours, au bout desquels il réussit à s'échapper.

A la suite de cette campagne, M. le commandant Mazières et ses deux capitaines, MM. Groussard et Laberge, ont été nommés officiers de la Légion d'honneur.

En résumé, de 23 officiers d'artillerie de la marine qui ont servi au port de Brest, depuis la déclaration de guerre, jusqu'à la paix, 14 ont été au feu, savoir : 7 à Paris, et 7 aux armées. Dans ce nombre de quatorze se trouvent 5 officiers supérieurs, 2 lieutenants-colonels et 3 chefs d'escadrons.

Pendant ce temps, le colonel directeur d'artillerie, réunissant le service de la Villeneuve à son service propre, avait à

pourvoir, avec un personnel très-res-
treint de 5 officiers, aux travaux considérables qui lui étaient réclamés de toutes
parts pour les besoins urgents de la défense.

Cependant, peu de temps avant l'armistice, quelques mouvements survenus dans
l'artillerie permirent au ministre d'aug-
menter le nombre des officiers de cette
arme servant au port de Brest.

Au moment de l'armistice, ce nombre
se décomposait ainsi :

1 Colonel directeur et chef du service
de la Villeneuve, M. Sapia, comte de
Lencia.

Direction.

1 Lieutenant-colonel, sous-directeur,
M. Dufaure.

1 Capitaine en premier, M. Blanchard.

1re Compagnie d'Ouvriers.

1 Capitaine en premier, commandant,
M. Henriot.

1 Sous-lieutenant, M. Kerdodé.

6ᵉ Compagnie d'Ouvriers

1 Capitaine en second, commandant, M. Kunkler.

1 Sous-lieutenant, M. Duckett.

28ᵉ Batterie du Régiment.

1 Capitaine en premier, commandant, M. de Pellerin-Latouche.

1 Sous-lieutenant, M. Guérin.

Villeneuve.

1 Capitaine en second, sous-directeur, par intérim, M. Larrodé.

1 Lieutenant, M. Deman.

Total : 11 officiers.

Mentionnons, en terminant, que les gardes d'artillerie de la marine servant au port de Brest avaient fourni trois des leurs à la défense de Paris et un quatrième à la délégation du ministère de la marine à Tours et à Bordeaux; et que le corps des armuriers militaires de la marine, sur un effectif total de 96 hommes présents au port au moment de la déclaration de guerre, a fourni un contingent de 49 hommes au service actif de guerre, sur la flotte, au siége de Paris et aux différentes armées de province, avec les bataillons de marche de marins.

Le concours de la direction de l'artillerie ne s'est pas borné à ces mouvements de personnel. Dans ses divers ateliers, où le nombre des ouvriers avait été décuplé, on s'est livré, de jour comme de nuit, à un travail de fabrication qui a eu pour résultat d'assurer non seulement l'armement de la place de Brest, des forts détachés, des batteries de la rade et du goulet, mais encore de permettre l'expédition d'un matériel considérable aux diverses armées, et lors de la signature de l'armistice, la direction était en mesure de continuer ses envois. Le matériel expédié aux autres ports, au camp de Conlie et aux villes de Paris, Rennes, Lille, Orléans, Nantes, Lyon, Caen, le Havre et Metz, consistait, à l'exception de 830 gargousses et sachets pour canons de 16 c|m vides retenus à Brest, en ce qui suit :

436 Bouches à feu avec accessoires de pointage et de rechange.

532 Affûts complets.

461 Armements, assortiments et rechanges.

125,995 Projectiles.

129,453 Sachets et gargousses.

145,616 Etoupilles.

5,274 Caisses à poudre en cuivre, etc.,
etc., formant 150,907 colis d'un poids de
4,426,125 kilog. 800 grammes.

Les 436 bouches à feu se subdivisaient
ainsi :

8 canons rayés de 22 c|m se chargeant
par la bouche.

4 Canons rayés de 19 c|m se chargeant
par la culasse.

84 Canons rayés de 16 c|m se chargeant
par la bouche.

41 Canons rayés de 16 c|m se chargeant
par la culasse.

10 Canons rayés de 14 c|m n° 1.

34 Canons de 12 c|m rayés de campagne
(modèle de la marine)

19 Canons rayés de 12 c|m de campagne
(modèle de la guerre).

15 Canons rayés de 4 de campagne.

62 Canons de 4 de montagne.

45 Canons de 30 n° 1.

114 Obusiers de 30.

Les 532 affûts complets se classaient ainsi :

9 Affûts marins à échantignolles pour canons rayés de 22 c|m.

9 Affûts marins à flèche directrice (modèle de 1868 pour canons rayés de 19 c|m se chargeant par la culasse).

188 Affûts marins pour canons rayés de 16 c|m dont 92 à 4 roues et 96 à échantignolles.

10 Affûts marins à échantignolles pour canons rayés de 14 c|m n° 1.

17 Affûts pour canons de 12 rayés de campagne, dont 13 avec roues et avant-trains, coffres garnis, et 4, marins, d'embarcation.

134 Affûts pour canons de 4 rayés, dont 27 de campagne avec roues et avant-trains, coffres garnis ; 51 de montagne avec roues et limonières ; 12 de montagne avec avant trains, roues et limonières, et 44 de montagne, marins, d'embarcation.

118 Affûts marins à échantignolles pour canon obusier de 30.

47 Affûts marins à 4 roues pour canons de 30 n° 1.

Les 461 armements, assortiments et rechanges se subdivisaient de la manière suivante :

312 pour canons se chargeant par la bouche, montés sur affûts marins.

50 pour canons se chargeant par la culasse, montés sur affûts marins.

13 pour canons de 12 rayés de campagne (guerre).

24 pour canons de 4 rayés de campagne (guerre).

62 pour canons de 4 rayés de campagne (guerre et marine).

Les 125,995 projectiles se subdivisaient ainsi :

96,817 Obus oblongs dont 72,149 chargés et 24,668 vides.

19,010 Boulets dont 500 ogivaux de 19 c|m ; 12,490 pleins sphériques ; 4,520 creux sphériques chargés et 1,500 creux sphériques vides.

7,158 boîtes à mitrailles.

3,010 paquets de mitrailles.

Les 129,453 sachets et gargousses se classaient comme suit :

70,849 remplis.

58,604 vides.

2ᶜ RÉGIMENT D'INFANTERIE DE MARINE.

Ce régiment a fourni aux différentes armées les troupes suivantes :

1º Armée du Rhin.

Un régiment de marche de 3 bataillons, à 800 hommes par bataillon, sous le commandement du colonel Alleyron. Ce regiment a fait partie de la 2ᵉ brigade de la 3ᵉ division du 12ᵉ corps d'armée. Il a combattu : 1º le 31 août, de 2 heures à 5 h. 1/2 du soir, pour reprendre Bazeilles aux Prussiens ; 2º le 1ᵉʳ septembre, de 4 h. 1/2 à 11 h. du matin, et de 11 h. à 5 h. du soir, sur les hauteurs en avant de Sedan. Les débris du régiment ont été compris dans la capitulation et faits prisonniers de guerre.

Les pertes subies par le régiment dans les combats du 31 août et du 1ᵉʳ septembre, ont été : officiers : 5 tués et 8 blessés ; sous-officiers, caporaux et soldats : 74 tués ; 159 blessés et 409 disparus.

2° Défense de Paris. — 2ᵉ Bataillon de marche

Ce bataillon, composé de 4 compagnies de 200 hommes chacune, dont deux provenant du 1ᵉʳ régiment, avaient été versées au 2ᵉ par décision ministérielle du 10 octobre 1870, était placé sous le commandement du chef de bataillon Darré.

Ce bataillon formait, avec un bataillon de fusillers marins, la garnison du fort de Bicètre. Deux compagnies ont, par la suite, été détachées au fort de Montrouge et à celui d'Issy. Le demi-bataillon qui restait au fort de Bicètre a eu en outre 120 hommes détachés sous le commandement d'un capitaine pour la défense d'un lieu dit les Carrières, situé en avant de la Bièvre.

Le 2ᵉ bataillon a combattu : 1° le 30 septembre, de 4 h. 1/2 à 11 h. 1/2 du matin, au village de Chevilly. — Le 28 novembre, il a été réuni en entier au fort d'Ivry et a fait partie de la 2e brigade de la 6e division du 3e corps d'armée. — Le 29 et le 30 novembre, il a combattu à la gare aux bœufs. — Le 9 décembre, il quitte la 6e division, fait partie de la 3e, et est dirigé sur le plateau d'Avron. — Le 21 décembre, il prend part à l'attaque et à la prise du parc de Neuilly. — Le 22 décembre, démonstration en avant du plateau d'Avron. Le bataillon quitte le camp à 7 h. du matin et descend dans la plaine de Neuilly; mais il essuie un feu tellement meurtrier qu'il est forcé de battre en retraite. — Le 27 décembre, cinq batteries ennemies bombardent le plateau d'Avron de 8 heures du matin à 7 heures du soir. Le lendemain, le bombardement continue; le bataillon, après des pertes sensibles, se retire au bas du plateau, en avant de Plaisance. — Le 29, il est barraqué au camp de Saint-Maur. — Le 30, il est cantonné à Gentilly. — Le 17 janvier, il occupe la redoute des Hautes-Bruyères. — Le 23 janvier, il est cantonné à Charenton. — Le 28, il est cantonné au quartier de Bercy. — Le 4 février, désarmement complet du bataillon et rentrée à Brest, le 9 mars.

Pertes éprouvées : officiers : 1 tué, 4 blessés ; sous-officiers, caporaux et soldats : 4 tués et 15 blessés.

3° Armée de la Loire et de l'Est — 5e Bataillon de marche

Ce bataillon, composé d'une section hors rang et de cinq compagnies de 200 hommes chacune, sous le commandement du chef de bataillon Laurent, est placé, à la formation de l'armée de la Loire, à la 1re brigade de la 1re division du 15e corps d'armée.

Le 17 novembre, il combat à Arthenay. — Renforcé le 21 de deux compagnies, il combat, le 3 décembre, à Neuville, et le lendemain à Orléans. Le 22 décembre, l'armée de la Loire est dissoute, et le bataillon est désigné pour faire partie de la réserve de l'armée de l'Est. Il combat, le 23 décembre, à Auxon-Dessus ; — le 29, il s'empare du village de Sombacourt. — Le 31 janvier, il protége, au combat de la Cluse, la retraite de l'armée de l'Est en Suisse. Une partie de ce bataillon reste au pouvoir des Prussiens, l'autre a le temps de passer en Suisse.

Pertes essuyées par ce bataillon : officiers : 1 tué et 4 blessés ; sous-officiers, caporaux et soldats : 18 tués, 26 blessés et 185 disparus.

4° Armée du Nord et de Versaille. — 8e Bataillon de marche.

Ce bataillon, composé d'abord de quatre compagnies de 200 hommes chacune, et plus tard de cinq compagnies sous le commandement du chef de bataillon Pasquet de la Broue, ensuite du chef de bataillon Brunot, a combattu, le 24 novembre à Mézières ; le 27, à Villiers-Bretonneux ; le 20 décembre, à Querrieux ; le 23, à Pont-Noyelles; le 2 janvier, à Achiet-le-Grand ; le lendemain, à Bapaume ; le 16, à Beauvoir, le 19 à Saint-Quentin.

Le 17 février, l'armée du Nord est licenciée. Le bataillon s'embarque à Dunkerque pour Cherbourg. Là, il est réorganisé et envoyé à Paris, où il se trouve lorsqu'éclate l'insurrection du 18 mars. Renforcé de deux nouvelles compagnies de Brest, il fait partie de la 2e brigade de la 3e division de l'armée de Versailles et prend part à la lutte soutenue contre les insurgés de Paris.

Le bataillon a perdu : 1o à l'armée du Nord : officiers blessés, 3 ; sous-officiers, caporaux et soldats tués, 18 ; blessés, 103 ; disparus, 171 ; 2o à l'armée de Versailles : officiers, 1 blessé ; sous - officiers, caporaux et soldats : 2 tués et 9 blessés.

DIRECTION DES MOUVEMENTS DU PORT.

Cette direction a confectionné :

1o *Pour les troupes de la marine et les bataillons de marins* : 100 grandes tentes de campement pour 16 hommes; 11,682 tentes complètes demi-abri ; — 6,406 havresacs en toile ; 4,000 bretelles de fusils.

2o *Pour le département de la guerre* : 500 grandes tentes de campement pour 16 hommes ; — 2000 tentes complètes demi-abri ; 6,672 havresacs en toile ; 3 tentes d'ambulance.

Les nombreux envois d'armes et de munitions faits à Brest pour le compte de la Guerre, ont en outre exigé l'emploi presque incessant d'une partie notable du personnel de cette direction ; les magasins faisant défaut, on devait, pour décharger les paquebots qui arrivaient chaque semaine, placer les caisses d'armes et de cartouches à bord des bâtiments désarmés, d'où l'on avait à les débarquer de nouveau pour les mettre dans les wagons quand le moment était venu de les expédier sur les divers points de l'intérieur. Ces armes et ces munitions importées des Etats-Unis, du 4 octobre au 16 décembre 1870, par les paquebots transatlantiques *Lafayette*, *Ville-de-Paris*, *Pereire*, *Saint-Laurent* et le steamer américain *Erié*, ont consisté en 327,863 fusils; 49,398 pistolets et révolvers; 6,199 sabres et bayonnettes ; 5,790 canons de fusils ; 6 mitrailleuses, et 64,722,733 cartouches, dont 52,862,405 pour fusils, 11,847,728 pour pistolets et 12,600 pour mitrailleuses, indépendamment d'une certaine quantité de sacs de soldats et de harnachements d'artillerie.

DIRECTION DES CONSTRUCTIONS NAVALES

Dès le mois d'août 1870, cette direction recevait les premières commandes de travaux à exécuter pour la défense nationale. Au commencement de septembre, ces commandes prirent un tel développement, qu'en dehors des réparations urgentes et indispensables des bâtiments armés, les travaux dela flotte furent successivement arrêtés, et la direction transformée en un grand centre de fabrication où chaque service de la guerre et de la marine vint demander les divers objets concernant le matériel de guerre, artillerie, projectiles, sellerie, bourrellerie, articles de campement, etc. Tous ces travaux furent entrepris et menés à bonne fin, avec une célérité surprenante, à l'aide des ouvriers de la direction qui montrèrent tout ce que l'on peut obtenir d'un personnel discipliné, intelligent et de bonne volonté, sous la direction d'officiers éclairés, fermes et actifs. Ces officiers étaient : M. Chédeville, directeur ; M. Perroy, sous-directeur ; MM. Guède et Bienaymé, ingénieurs ;

MM. Noël, Masson, Cazelle, Saglio, Mada-met, Risbec, Baudry et de Salvert, sous-ingénieurs, qu'ont efficacement secondés, dans leurs fonctions respectives, M. Chail-lon , agent administratif principal et M. Pradère-Niquet, garde magasin.

La direction a trouvé un concours très-utile dans les marins de la flotte et du bâ-timent central de la réserve, employés principalement comme forgerons. Les travaux de forge avaient pris une telle ex-tension que, sans ce concours, certaines commandes eussent éprouvé des retards d'exécution.

Nous allons passer sommairement en revue les principaux travaux exécutés, en y ajoutant quelques détails de fabrication qui ont permis d'obtenir une production aussi remarquable par la qualité que par la quantité et la rapidité d'exécution.

Matériels roulant des canons rayés de 12 et de 4, affûts, châssis, etc .

La direction a confectionné 48 batteries de campagne complètes , avec chariots, caissons, coffres compartimentés ; — 6 batteries de canon de 4 à balles, et 2 batteries de 12 de campagne avec les mêmes accessoires ; — 100 chariots et 200 caissons de batteries de 4 avec avant-trains et coffres ; — 200 roues ; — 120 essieux ; — 25 forges avec avant-trains et coffres ; — 1466 flèches, timons, etc. ; — 1500 rais ; — 212 stères de bois débité pour matériel roulant de 4 ; 17 grands châssis pour pièces de 27 et de 24 c|m.

Les divers ateliers ont concouru, chacun en raison de sa spécialité, à la fabrication de ce matériel représentant plus de 5900 roues et 2400 coffres compartimentés. Au début de ces travaux importants, on arrivait à peine à produire par semaine une batterie de 4 ; mais, dès la première quinzaine, la fabrication s'est élevée rapidement à trois batteries de 4 dans le même espace de temps. A l'atelier des forges, dont la production réglait celle de tous les autres ateliers de concours, le feu qui demandait trois jours pour faire certaines pièces, en livrait trois par jour au bout de peu de temps.

Comme travail de précision, cette fabrication n'a donné lieu à aucune observation de la part du service de l'artillerie de la guerre, assez sévère cependant pour tout ce qui est relatif à son matériel.

Le bois dépensé, jusqu'au 1er mars 1871, pour la confection de ce matériel, représentait le chiffre considérable de 986 stères et 11 c. de diverses essences, indépendamment de 21,500 rais et merrains.

Canons de 4 et de 12

La fabrication des canons de 12, entreprise en exécution de la dépêche du 13 novembre 1870, comprenait déjà une vingtaine de pièces lorsqu'elle dut être abandonnée par suite de la dépêche du 13 décembre suivant qui prescrivit d'appliquer tous les moyens d'exécution à la fabrication de canons de 4 rayés de campagne.

Cinq châssis à moules furent construits, et l'on avait déjà fondu 182 pièces de canon, à raison de 4 par jour, lorsque la fin de la guerre fit interrompre le travail. 18 canons bruts ont été cédés au département ; 30 semblables ont été réservés pour

Rochefort, et 130, préalablement forés, tournés, garnis de leur grain de lumière, vérifiés au tir, soumis à l'essai de l'eau, définitivement alésés et gravés, ont été livrés à la direction d'artillerie pour être rayés.

Le travail complet de chaque pièce exigeait, en moyenne, 36 heures. L'atelier des machines ne disposait, aussi en moyenne, que de 15 tours pour le forage, le tournage et l'alisage, et malgré tout il a pu livrer 12 canons à la rayure, par semaine, à la direction de l'artillerie. Dans la prévision de l'insuffisance des moyens d'exécution de la rayure par cette direction, en cas de nouvelles commandes de la guerre, on avait disposé une machine à raboter pour rayer au besoin des canons de 4 et de 12.

22 culasses de mitrailleuses, envoyées brutes par l'usine d'Indret, n'ont pu, faute de temps, être ajustées et complètement terminées, et dix d'entre elles, inachevées, ont été réexpédiées à cette usine. Au 24 avril 1871, l'atelier des machines s'occupait de la fabrication de 11 arrières de canons de 7 du colonel Reffye, d'une exé-

cution bien plus facile que les arrières de mitrailleuses, et, si la guerre avait continué, elles seraient devenues, dans cet atelier, l'objet d'un travail courant.

Nécessaires d'armes.

2,400 nécessaires d'armes complets, garnis de leurs étuis à aiguilles, de la grande curette, etc., ont été confectionnés, à raison de 3,000 par semaine.

Arçons de selles et sellettes.

10,150 arçons de selles et 776 arçons de sellettes, dont la production s'est élevée jusqu'à 800 par semaine, ont été fabriqués et avaient donné lieu, au 1er mars 1871, à 67,500 journées de travail, en nombre rond.

Sellerie et bourrellerie.

La direction a fabriqué les selles et harnachements; mais les mors, étriers, sangles, et la plus grande partie des objets de bouclerie ont été fournis au moyen de marchés spéciaux. La commande de selle-

rie était considérable puisqu'elle comprenait 480 harnachements complets de groupes de sept chevaux. Le travail ayant été arrêté par la cessation des hostilités, on a dû seulement terminer les pièces commencées qui forment 8 batteries de 4 de campagne de 16 attelages complets, de sorte que, chaque batterie se composant de 80 chevaux, les harnachements nécessaires à l'équipement de 640 chevaux ont été confectionnés. Sur les 650,000 articles de boucleric demandés au port de Brest, la moitié seule provient de marchés spéciaux; l'autre a été confectionnée par les ouvriers de la réserve.

Objets de campement.

La fabrication de ces objets comprend plus de 70,000 articles ainsi répartis : 9,033 marmites; 9,102 grands bidons; 6,900 gamelles (ces trois articles pour 8 hommes) : 61 gamelles et 43,954 petits bidons pour un homme. Cette fabrication a été conduite industriellement, chaque ouvrier n'étant chargé que d'une seule opération. On est arrivé dans ces condi-

tions à des résultats remarquables de rapidité. De jeunes ouvriers ont produit
jusqu'à 20 petits bidons en dix heures. On
pouvait livrer, par semaine, un assorti-
ment d'objets de campement pour 2,000
hommes. Des ouvriers de la réserve ont
fabriqué les petites vis à écrous pour les
bouchons de bidons.

Projectiles et Outils.

Dix-neuf moules à balles (série de 10)
ont été confectionnés ; — 500,000 balles
seulement ont été coulées, la demande de
la guerre ayant été arrêtée. La fabrication
était montée de manière à en livrer un
million par semaine. 6,000 obus de 24 et
20,000 fusées de 24 et 25 ont été livrées ;
les obus, à raison de 150 à 200 par jour,
les fusées à raison de 450. Ont en outre
été confectionnés : 156 tables et bancs
pour cartoucherie, 70 instruments et
ustensiles ayant la même destination ;
2 étuves pour capsulerie, et 3 séries
d'outils pour fabrication de cartouches.

Ces objets, quelques nombreux et variés

qu'ils soient, ne composent pas, à beaucoup près, tout ce que la direction a
confectionné pour le service de la guerre.
Elle en a fabriqué une infinité d'autres dont
voici les principaux : 18,540 boîtes en bois,
dont 9,800 à biscuit; — 6,600 pour obus;
— 620 à munitions et 1,500 blanches; —
36 coffres télégraphiques pour les forts;
— 63 caissons de charpenterie garnis pour
bataillons de marche; 7,065 montants et
13,320 piquets de tentes; — 7 grandes
tentes pour 16 hommes; — 3,500 havresacs, avec 12,920 carcasses, 7,700 cabillots
et 4,360 bretelles en cuir pour le service
de cet article; — 90 masques et portières
pour embrasures; — 560 châssis de mine;
— 1,000 boucles de ceinturon; — 25 vis
de pointage; — 1,000 hausses; — 200,000
ailettes de zinc; — 19 à 20,000 grands
piquets et liteaux pour palissades, etc., etc.

D'autres travaux nécessités par l'état de
guerre ont une importance qui ne permet
pas de les passer sous silence.

L'atelier de charpentage a construit,
sur un terrain de l'hôpital de la marine,
deux grandes ambulances pouvant contenir

60 lits. Malgré un revêtement complet à l'intérieur et à l'extérieur, elles n'ont donné lieu, chacune, qu'à une dépense de 10,000 fr. Des hangars ou appentis, d'une longueur de 472^m sur 5^m de largeur ont été établis à Pontanézen. Le revêtement de la toiture a été fourni par la guerre. Le charpentage a eu aussi à élever deux blokaus et trois barrières.

19,000 journées d'ouvriers, de professions diverses, ont été employées aux travaux de terrassement des forts de Keroriou, du Guelmeur et des Fédérés; 14,602 aux mouvements et transport du matériel de guerre; 1,000 à presser du foin pour le service de la guerre, et 2,000 au camp de Conlie, — ces dernières ont été remboursées par l'administration de ce camp — où 100 charpentiers et 25 perceurs ont été dirigés sous la conduite de M. le sous-ingénieur de Choin de Montchoisy et du maître charpentier André pour être à la disposition de M. le sous-ingénieur Risbec, qui avait rejoint antérieurement M. Rousseau, ingénieur du service des travaux hydrauliques, faisant fonctions de colonel du génie à ce camp, d'où il est allé servir à l'armée de l'Est, sous les ordres du général Bourbaki.

Enfin, MM. les ingénieurs Baudry et de Salvert ont été mis à la disposition du génie militaire, et ont eu à étudier les meilleures dispositions à prendre pour compléter la défense des approches de Brest.

La dépense pour les travaux précédemment détaillés s'élevait, au 1er mars 1871 : En main d'œuvre, 61,841,435 journées, représentant une somme de 2,021,520 fr. 57 et en matières, celle de 1,523,136 fr. 50, d'où, défalcation faite de l'exécédant des résidus, une dépense générale de 3,544,637 fr. 07, à laquelle il faut ajouter la somme de 32,577 fr. pour frais de transport et mouvements, ce qui portait, au 1er mars, la dépense totale à 3,577,300 fr. en nombre rond.

RÉSERVE.

Le concours du personnel ouvrier du bâtiment central de la réserve a été indiqué d'une manière générale dans le travail qui précède. Mais pour l'apprécier d'une façon plus complète, il suffit de jeter les yeux sur le détail suivant des travaux qu'il a exécutés : 600 bidons de campement ; 1,600 chevilles en bois pour bidons ; 173,757 boucles diverses de harnarchement ; 43,640 armatures de bouchons ; 58 anneaux de pointage pour mitrailleuses ; 1,720 ferrements divers ; 90 clefs à double écrou ; 50 hachettes et 25,488 pièces diverses de caissons. Il est donc évident que le concours de la réserve a été d'un grand secours à la direction des constructions navales qui, d'ailleurs, n'a eu qu'à se louer de la bonne confection des objets livrés par cet atelier.

COMMISSARIAT.

L'arrondissement maritime de Brest a prêté, à lui seul, à l'intendance militaire, autant de membres que les autres arrondissements ensemble. Le nombre des officiers qui en ont été détachés sur la proposition de M. le commissaire général Guichon de Grandpont et l'ordre de M. le préfet maritime, a été de 23, dont un commissaire, un commissaire-adjoint, 9 sous-commissaires et 12 aides-commissaires. Leurs départs ont commencé dès le 7 août 1870. Plusieurs d'entre eux n'ont pu se rendre à leur destination primitive, soit qu'à leur passage à Bordeaux, ils en aient reçu une nouvelle, soit que les événements de la guerre aient obligé de leur en assigner d'autres. Laissant de côté les mouvements dont ils ont été l'objet, nous indiquerons seulement la durée de leurs fonctions et les lieux où il les ont remplies.

Commissaire. — M. Dauriac. Intendant militaire, à Brest, du 18 janvier au 29 août 1871.

Commissaire - adjoint. — M. Turiault. Parti de Brest le 19 janvier 1871 pour servir dans l'intendance militaire, à Tours, il n'a pu entrer en fonctions par suite de la prise de cette ville, et a été dirigé sur le camp de Cavalaire (Var) où il a rempli les fonctions d'intendant militaire jusqu'au 28 mars 1871.

Sous-Commissaires : — MM. Bouillon.

Intendant militaire à Alger du 19 janvier au 2 avril 1871.

Prétôt. Parti le 19 janvier 1871, intendant militaire de la 3e division du 26e corps d'armée jusqu'au 5 avril 1871.

Auger (Eugène-Auguste). Parti le 19 janvier 1871, sous-intendant à Oran, jusqu'au 13 avril suivant.

Roussin. A la disposition de M. le commissaire Le Fraper, à Paris, du 13 août 1870 au au 13 mars 1871.

Le Guay (Gustave-Stanislas). Intendant du 26e corps, du mois de janvier 1871, jusqu'à l'arrivée d'Alger de l'intendance militaire du 26e corps, ensuite sous-intendant jusqu'au 16 mars dans une division de ce corps.

Buffy. Parti le 19 janvier. Sous-intendant à Châtellerault jusqu'au 1er mai 1871.

Mével. Chargé du mois de janvier au 10 août 1871 de la sous-intendance du service de marche et des évacuations à Lyon.

Noury (Auguste-Joseph). Sous-intendant à Bourg, du 19 janvier au 12 juillet 1871.

Rassicod. Attaché au service administratif de la division d'infanterie de marine à l'armée du Rhin, le 11 août 1870. Prisonnier de guerre à Sedan, le 3 septembre 1870. Rentré des prisons de l'Allemagne, le 8 avril 1871.

Aides-commissaires. Les aides-commissaires détachés ont été :

MM. Pradier. Officier d'administration du 4e bataillon de marins (armée du centre) du 1er novembre 1870 au 31 mars 1871 ; et du 1er régiment de marche (armée de Versailles) du 1er au 7 avril 1871.

Marchal. Officier d'administration du régiment de marins destiné à Paris, du 7 août 1870 au 18 mars 1871.

Fournier, Le Cardinal et Clément. A la disposistion de M. le chef de bureau des corps entretenus à Paris, du 10 août 1870 au 18 mars 1871.

Le Gallen. Parti le 28 septembre 1870. Attaché à l'intendance du 15e corps d'armée jusqu'au 7 avril 1871. Officier d'administration, du 16 avril au 11 juillet 1871 d'une batterie de marins à l'armée de Versailles.

Lugan. A pris, à compter du 15 octobre 1870 les fonctions d'officier d'administration du 1er bataillon de marche de marins (armée du Nord). Par ordre du général commandant l'armée du Nord, il a exercé les fonctions de commandant du dépôt des isolés et des convalescents, à Lille, jusqu'au 8 mai 1871.

Bouët (Alphonse). Officier d'administration du 2e bataillon de marche de marins (armée du Nord), du 15 octobre 1870 au 29 janvier 1871.

Merlant. Officier d'administration du 3e bataillon de marche de marins (armée de la Loire), du 20 octobre 1870 au 23 janvier 1871.

Hayel. Parti de Brest le 28 septembre 1870, il a servi dans l'intendance du 15e corps d'armée.

Kernéis. Officier d'administration du 5e bataillon de marche de marins (armée de la Loire) le 5 novembre 1870. Fait prisonnier le 10 décembre. Rentré en France le 6 avril 1871. Parti de Brest le 16 avril, a été jusqu'au 11 juillet suivant officier d'administration d'une batterie de marins à l'armée de Versailles.

Babron. Dirigé le 20 décembre 1870 sur

Burloup, pour remplacer M. Kernéis.
Passé le 1er avril 1871, avec le 5e bataillon
de marche de marins, à l'armée de Versailles. Rentré au port le 1er juillet 1871.

Le commissariat ne s'est pas borné à
ces envois de personnel. Les diverses services qui le composent ont contribué,
dans le port, à pourvoir aux nécessités de
la défense nationale. Ce sont les détails
suivants :

Approvisionnements. — M. Noé, commissaire.

Subsistances. — M. Dodin, idem.

Hôpitaux. — M. Delorisse, sous-com-
missaire.

Armements et prises. — M. Robert de
Rougemont, commissaire.

Nous allons faire connaître la part d'ac-
tion de chacun de ces détails.

Approvisionnements.

Chargé de pourvoir aux besoins des divers services du port par l'achat, soit des
objets confectionnés, soit des matières
brutes destinées à être mises en œuvre,
ce détail a passé, pendant toute la durée

de la guerre, des marchés, à bien dire quotidiens, les uns par adjudication, les autres de gré à gré. Tous ont été débattus et conclus avec une célérité et une sollicitude qui ont eu pour résultat de satisfaire rapidement à toutes les commandes, le plus généralement sans autre augmentation de prix que celle qu'imposait aux fournisseurs eux-mêmes la double difficulté de se procurer et de faire parvenir, à bref délai, à leur destination, les objets achetés. Si la guerre s'était prolongée, le détail était en mesure de pourvoir, sur une large échelle, à de nouveaux besoins.

Les cessions par ce détail au département de la guerre des objets de toute nature livrés par les divers services du port, se sont élevées à la somme totale de 2,297,555 fr. 70 c., dont 1,502,153 fr. 40 c. pour matériel d'artillerie ; 155,129 fr. 62 pour travaux d'armement de la place de Brest, et 106,300 fr. pour paletots de gardes mobiles. Les autres cessions se sont principalement appliquées à des objets de harnachement, de casernement, de campement, etc.

Il a en outre prêté au département de la guerre, en septembre 1870, pour le service du casernement des équipages de la flotte et des troupes de la marine mis à sa disposition, des objets de couchage et autres d'une valeur de 22,059 fr. 61, dont la réintégration a été effectuée le 16 juin 1871. Les objets de même nature, prêtés du 13 avril au 28 juillet 1871 et qui n'étaient pas encore réintégrés, le 5 août suivant, avaient une valeur de 69,204 fr. 80.

La valeur des objets d'armement cédés au département de l'intérieur a été de 553,096 fr. 54, se décomposant ainsi : 1° 8,086 fr. 06 pour caisses de tambours, nécessaires d'armes, etc., livrés à la garde mobile du Finistère ; 2° 352,738 fr. 25 pour fusils, mousquetons, sabres, nécessaires d'armes, etc., délivrés à la garde nationale de Brest ; 3° 21,735 fr. 83, dont la presque totalité (21,682 fr. 18) formant le prix de 18 canons de 4 avec leurs accessoires, fabriqués par la direction des constructions navales et livrés, dans le 1er trimestre 1871, au préfet du Finistère ;

4° 170,735 fr. 90 pour carabines transformées et matériel d'artillerie expédiés en novembre et décembre 1870 au préfet de l'Orne et au comité de Caen.

Subsistances

Les ateliers de la manutention ont fabriqué pendant la guerre :

Biscuit de campagne....   1,270,960ᵏ
Pain d'équipage et de
    troupes...............   2,193,407
Farine.................   2,861,335

Depuis le mois de juin, l'époque à laquelle les insurgés ont été casernés à bord des pontons de la rade, la manutention a fabriqué en moyenne, par jour, 20,000 rations de pain.

Hôpitaux

L'hôpital maritime a été appelé, durant la guerre et la répression de l'insurrection de Paris :

1° A assurer les besoins de l'arsenal, de la flotte, des postes et ambulances des corps de troupes de la marine et de la guerre résidant tant à Brest que dans les villes environnantes ;

2º A recevoir de nombreux convois de malades et de blessés dirigés presque journellement sur Brest ;

3º A fournir au département de la guerre, par voie de cession, le matériel, les instruments de chirurgie, les apparaux, linges à pansements, médicaments, etc., nécessaires tant à l'ambulance de l'armée de Bretagne, qu'à celle du 21e corps d'armée et des divers bataillons de marche expédiés de Brest ;

4º A envoyer du matériel et des médicaments aux ports de la Manche et de l'Océan, ainsi qu'aux colonies ;

5º A pourvoir du matériel et des médicaments nécessaires, l'ambulance de Quélern, les pontons et les deux pontons-hôpitaux affectés au traitement des insurgés malades ou blessés.

Au début de la guerre, l'hôpital était disposé pour recevoir 1116 malades. Le chiffre moyen des malades en traitement était de 600.

Au mois d'août 1870, le port fut avisé

de l'envoi prochain d'un convoi de 500 malades. — Le lazaret de Trébéron fut immédiatement installé et 200 malades de l'hôpital y furent envoyés. Cette succursale ou ambulance, ouverte le 29 août 1870, fut fermée le 12 octobre suivant ; mais elle a été rouverte le 25 mai 1871 pour les insurgés détenus à Quélern et sur les pontons.

114 lits de casernement furent dressés du 26 décembre 1870 au 19 février 1871 et du 22 juin au 11 août 1871 dans les galeries de l'hôpital et 100 autres lits furent répartis dans les différentes salles de l'hôpital. Enfin le casernement des infirmiers et l'hôpital de l'ancien bagne furent tranformés en salles de malades pouvant recevoir ensemble 119 lits.

Le nombre croissant des malades fit créer successivement les autres succursales ci-après :

Au bâtiment de l'Ecole des Pupilles, du 7 décembre 1870 au 14 mars 1871, 300 lits.

A la préfecture maritime (1) où les malades furent traités par M. le directeur Rochard, du 31 décembre 1870 au 17 avril 1871, 85 lits.

A l'établissement des Pupilles de la marine (ancien hôpital Saint-Louis) du 24 janvier au 14 mars 1871, 500 lits. Ainsi, au 1er janvier, le chiffre des lits occupés aux hôpitaux de la marine s'élevait à 2,250 ; dans ce nombre ne se trouvent pas compris les 500 places réservées aux convalescents dans les infirmeries complémentaires établies, l'une à la division des équipages de la flotte, l'autre à la caserne du 2e régiment d'infanterie de marine.

Ces diverses succursales étant devenues elles-mêmes insuffisantes, deux baraques

(1) En même temps, les salons de la préfecture étaient transformés en un atelier de charité, organisé dès le début de la guerre par Mme Reynaud. Des femmes d'officiers de marine de tout grade y travaillaient à la confection et à la réparation d'objets de lingerie, couchage, habillement, etc., provenant de dons ou d'achats et expédiés aux hôpitaux et aux ambulances.

en bois pouvant contenir ensemble 120 lits, furent construites par le service des constructions navales et sous la direction de M. l'ingénieur Nouet, sur l'esplanade de l'hôpital servant de promenoir aux malades. Ouvertes le 17 avril 1871, elles ne sont pas encore fermées.

Les deux tableaux suivants constatent l'accroissement du chiffre des malades traités pendant la période de la guerre, comparée à la précédente d'égale durée, qui avait elle-même dépassé la moyenne ordinaire, par suite de l'épidémie de variole.

Du 1er mai 1869 au 1er juillet 1870.

Nombre d'hommes admis.		Nombre de décès.		Nombre de journées de traitement.	
Marins.	Militaires	Marins.	Militaires	Marins.	Militaires
14,134	1,161	366	16	217635	22,074
15,295		382		239,709	

Du 1er juillet 1870 au 1er septembre 1871.

Nombre d'hommes admis.		Nombre de décès.		Nombre de journées de traitement.	
Marins.	Militaires	Marins.	Militaires	Marins.	Militaires
18,876	12,025	494	360	263,633	134,394
30,901		854		398,027	

Pour faire face aux exigences d'un service si considérablement accru, le personnel des sœurs, des infirmiers et des divers agents a dû être augmenté dans des proportions suffisantes. Les dépenses afférentes au personnel, y compris les frais d'inhumation et de transport des malades ont atteint les chiffres suivants :

Du 1er mai 1869 au 1er juillet 1870. 137,676 f. 39 c.
Du 1er juill. 1870 au 1er sept. 1871. 196,424 f. 36 c.

Dans ce dernier chiffre est comprise une somme de 28,262 fr. 53 c. soldée à la compagnie des paquebots transatlantiques pour

transport de Cherbourg à Brest de 588 marins et militaires.

Les chiffres des dépenses effectuées pour
matériel, instruments de chirurgie, médicaments, etc., et des délivrances effectuées
par les hôpitaux pendant les deux périodes
précédemment indiquées, ont été :

	1re période.	2e période.
Matériel........	510,879 10	807,718 77
Cessions faites.	10,423 65	44,911 31
Cessions reçues.	67,407 83	104,962 35
Délivrances....	525,884 55	801,154 88

Une partie des délivrances représente
un matériel actuellement en service, mais
dout on ne peut apprécier le degré d'u-
sure.

L'élévation des dépenses de la seconde
période s'explique, non seulement par l'accroissement tout-à-fait exeptionnel des
malades, mais encore par la difficulté de
se procurer les médicaments qui, en temps
ordinaire ne se trouvent qu'à Paris et
qu'on n'a pu obtenir qu'au prix de grandes
difficultés, sans augmentation sensible
néanmoins sur les prix habituels.

ARMEMENTS ET PRISES

17 bâtiments, d'un tonnage moyen de 511 tonneaux, et porteurs de cargaisons diverses, ont été capturés dans les mois d'août et de septembre 1870. Deux d'entre eux (prises invalidées) ont été rendus.

Les capteurs ont été :

Dayot	4
Souffleur	4
Tisiphone	2
Bougainville	1
Montcalm	1
Sibylle	1
D'Estaing	1
Curieux	1
	15 prises.

Vente des navires	710,067 fr. 00 c.
— des cargaisons	819,101 fr. 00
Total	1,529,076 fr. 00 c.

Au moment où nous écrivons, il reste à régler le compte de vente de la prise *Alma* et les frets des cargaisons des prises rendues. Il y a lieu de croire qu'en définitive le chiffre de 1,529,076 fr. sera augmenté d'environ 100,000 fr.

INSPECTION

L'effectif de l'inspection de la marine, au port de Brest, se compose d'un inspecteur enchef, de deux inspecteurs et de 2 inspecteurs-adjoints. Ces deux derniers, MM. Jardin et Bénard-Fleury ont été détachés, pendant la guerre, dans l'intendance militaire.

M. Jardin, parti de Brest le 19 janvier 1871, pour se rendre à Oran et à Mascara, n'est rentré que le 13 juillet suivant.

M. Bénard-Fleury, qui avait quitté le port le 21 janvier 1871, pour aller au Havre, en est revenu le 1er avril.

L'inspecteur en chef et les deux inspecteurs sont restés à Brest pour y assurer le service de l'arsenal.

SERVICE DE SANTÉ

Directeur, M. Rochard.

Les tableaux produits ci-dessus ne donnent qu'une idée imparfaite de la lourde tâche qui a pesé pendant la guerre sur le service de santé du port de Brest. Pour l'apprécier complètement, il faut connaître les missions que le personnel médical a remplies à l'extérieur, c'est-à-dire aux armées.

Dès le mois d'août, un certain nombre d'étudiants étaient partis comme volontaires, et servaient, l'un comme sous-lieutenant, d'autres comme aides-majors, d'autres enfin comme soldats ou infirmiers, soit dans l'armée régulière, soit dans la garde mobile. Quelques médecins de 1re et de 2e classe avaient suivi les bataillons de marche, ou étaient employés sur les flottilles et dans les forts de Paris. Bientôt il fallut fournir à l'armée de Bretagne son personnel et le matériel de ses ambulances. Sur la demande du ministre de la guerre et par ordre du ministre de la marine, M. Gestin, médecin professeur, fut dirigé sur le camp de Conlie (1) ;

(1) Grièvement blessé, le 10 janvier 1871, à la gare d'Yvré-l'Evêque, pendant qu'il faisait placer les blessés sur des voitures, M. Gestin, après avoir reçu les premiers soins de M. Cras, dut

M. Caurant, médecin de 1re classe, comme médecin du quartier général, et M. Cras, médecin professeur, prit le commande- ment d'un personnel d'ambulance com- posé de 14 médecins et de 2 pharmaciens. Toujours en vertu des ordres du ministre de la marine, il fallut à des bataillons de mobiles de divers départements des aides- médecins nominativement désignés par les chefs de corps. Enfin, dans l'impossi- bilité de trouver des médecins civils pour accompagner les bataillons de mobilisés, il fallut délivrer des commissions d'aides- majors provisoires à des étudiants en mé- decine et en pharmacie de l'Ecole.

L'ensemble du personnel détaché s'éleva à : 2 médecins en chef ; 12 médecins de 1re classe ; 7 médecins de 2e ; 4 chirur-

rallier le port de Brest qu'il atteignit presque mourant le surlendemain. Son état a longtemps inspiré de grandes inquiétudes à M. le directeur Rochard qui, malgré toute sa sollicitude pour son confrère, n'a pu empêcher, tant sa blessure était grave, que l'avant-bras gauche et la main ne fussent frappés d'une paralysie complète qui semble incurable.

giens de 3e classe ; 12 médecins commissionnés auxiliaires de 2e classe ; 13 médecins entretenus ; 4 médecins auxiliaires ; 1 pharmacien de 2e classe, et un aide-pharmacien commissionné auxiliaire de 2e classe. A ce chiffre de 56 officiers de santé, il faut ajouter ceux de 20 étudiants en médecine de 2e année et de 2 étudiants en pharmacie de 3e année.

Les envois successifs de personnel avaient fini par restreindre tellement celui de l'hôpital et de ses succursales qu'il ne pouvait plus faire face aux exigences qu'imposait le nombre des malades. Après avoir employé dans les salles M. Lallour, secrétaire du conseil de santé, M. Jubiot, bibliothécaire de l'Ecole, M. Brousmiche, conservateur des collections, et M. Laprairie, ancien médecin de la marine, M. le directeur fit appel au dévouement des officiers de santé de la marine en retraite qui, dès le début de la guerre, avaient offert leurs services. MM. les médecins Chassaniol, Delicux de Savignac, Bellebon et M. le pharmacien Cuzent s'empressèrent de répondre à cet appel.

AUMONERIE

L'aumônerie de la marine avait une tâche que nos revers rendirent de jour en jour plus active.

Les escadres de la mer du Nord et de la Baltique ainsi que les forts de Paris, avaient réduit le personnel des aumôniers ordinairement attachés au port de Brest. M. l'abbé Silliau, aumônier du *Borda*, qui avait demandé à être chargé du service de l'hôpital, pendant les mois d'août et de septembre, fut désigné par M. l'aumônier en chef, pour diriger, durant l'investissement de Paris, le service religieux du port de Brest. Son zèle infatigable trouva le moyen, avec le concours de ses collègues, de suffire à tout.

D'autres preuves de dévouement ont été données par les aumôniers du port. MM. Hains et Le Saout, débarqués du *Jean-Bart* et de la *Victoire*, ont été attachés à la division d'infanterie de marine, commandée par M. le général de division de Vassoigne, et composée des quatre régiments expédiés de Cherbourg, Brest, Rochefort et Toulon. Ils ont rejoint la division au camp de Châlons, et l'ont suivie dans sa marche. Pendant que l'abbé Hains l'accompagnait au feu, le 30 août, à Mouzon, le lendemain à Bazeilles, l'abbé Le Saout exerçait son ministère aux ambulances. Après la capitulation de Sedan, ils continuèrent de donner des soins soins spirituels aux blessés, soit sur le champ de bataille, soit dans les ambulances ou les maisons qui en étaient encombrées, et ils ne quittèrent leurs postes, suivant la décision de l'intendant général, que quand l'état des malades permit de les évacuer sur d'autres villes.

L'abbé Hains ne tarda pas à être chargé, conjointement avec l'abbé Surieux, d'une mission hérissée d'obstacles et de périls. Ils avaient plus d'une fois sollicité la faveur de s'exposer à de nouveaux dangers lorsque le ministre de la marine, qui s'occupait à Tours du moyen de recueillir et de faire parvenir des secours à nos prisonniers, les appela près de lui et les chargea de cette délicate mission. Nous ne raconterons pas toutes les péripéties de ce voyage entrepris au milieu d'un hiver exceptionnellement rigoureux, et au plus fort d'une guerre qui, en Allemagne comme en France, rendait le plus souvent les communications impossibles. Un exposé succinct de ce voyage suffira pour qu'on apprécie ce que son accomplissement a exigé d'abnégation et d'énergique volonté.

Lorsque les deux aumôniers partirent de Brest, le 2 décembre, diverses personnes voulurent les charger de leurs offrandes. Ne sachant comment seraient centralisés les secours, ils refusèrent. Malgré ce refus, au moment où ils allaient monter en wagon, ils reçurent une enveloppe de lettre contenant 100 fr., et une personne contraignit l'un d'eux à accepter sa quote part. A leur passage à Lorient, ils ne furent pas peu surpris de trouver à la gare une députation de dames de la ville qui leur versa une somme de 500 fr.

A Tours, Mme Fourichon, qui activait, avec une sollicitude éclairée, la centralisation des secours à envoyer, leur remit de l'argent et des effets. Le ministre leur

donna ses instructions et leur fit connaître, autant qu'il était en son pouvoir, les
lieux où nos prisonniers étaient internés.
Le nonce apostolique, l'archevêque de
Tours et l'archevêque de Lyon ajoutèrent
leurs recommandations aux lettres de
l'évêque de Quimper et de Léon ; et Mgr
de Genève, qui pendant toute cette mal-
heureuse guerre s'est dévoué à l'œuvre
des prisonniers français, remit aux deux
missionnaires des lettres pour des personnages d'Allemagne, en situation, croyait-
il, d'aplanir les obstacles qu'ils devaient
s'attendre à rencontrer.

Le chargé d'affaires de Prusse en Suisse
refusa de viser leurs passe-ports. Ce début
peu rassurant ne les arrêta pas. Après
avoir visité, à grand'peine, plusieurs villes,
notamment celles de Heidelberg, de
Carlsrhue et de Radstadt où ils laissèrent
des secours (1), ils revinrent à Bâle avec

----

(1) D'autres secours parvinrent, plus tard, à
Radstadt. Une souscription ouverte dans les corps
de la marine, en faveur des prisonniers français,
et qui devait s'élever au chiffre de 7,364 fr. 45 c.,

la pensée qu'il leur serait possible d'aller à Berlin, et d'y obtenir ce que le gouverneur de Radstadt n'avait pu concéder aux instances de ses amis, la levée des ordres qui défendaient, dans les termes les plus rigoureux, de laisser les prêtres français communiquer avec les prisonniers. L'archevêque de Cologne, que l'on disait très-influent à la cour de Prusse, leur té-

—

n'avait pas encore été entièrement recueillie lorsque le Préfet maritime remit, le 30 janvier 1871, la somme de 4,301 fr. 50 c. au Comptoir du Finistère, lequel la fit parvenir, par la voie de l'Angleterre, à M. Mayer, banquier à Radstadt. Ce dernier la remit à M. le capitaine de vaisseau Bergasse Dupetit-Thouars. Cet officier supérieur en fit la distribution à ses compagnons d'infortune avec le concours de Mme Bergasse Dupetit-Thouars qui l'avait rejoint. Le reliquat de la souscription, parvenu trop tardivement à la Préfecture maritime pour pouvoir être transmis en Allemagne, a été réparti, conformément aux propositions d'une commission présidée par M. le capitaine de frégate Normand, entre les familles signalées par les commissaires de l'inscription maritime de l'arrondissement comme ayant le plus souffert de la guerre.

moigna beaucoup de sympathie, mais leur conseilla de ne pas poursuivre leur voyage. D'autres graves personnages leur donnèrent le même conseil. Le projet d'une révolte ou d'une évasion, combinée, disait-on, entre les Français internés à Mayence, à Coblentz et à Cologne, servait de prétexte aux rigueurs de la Prusse et ajoutait aux embarras de nos aventureux abbés qui, réduits à voyager sans visas prussiens, allèrent attendre à Liége le résultat des démarches tentées par de hauts personnages de Berlin qui, malgré leur bon vouloir, ne purent parvenir à fléchir leur gouvernement. La seule perspective de succès qui restât était un appel à la bienveillance du commandant particulier. L'infanterie de marine était internée à Dresde, à Leipsick et à Menden. Les deux aumôniers s'y rendirent. Partout de nouvelles déceptions les attendaient. La cour de Saxe est catholique ; mais là, comme à celle de Munich, un prussien, ministre de la guerre, ne relevant que de Berlin, intimait des ordres terrifiants qui paralysaient toute bonne volonté. La police, aux investigations de laquelle les aumôniers avaient jusque-là échappé, faillit, dans une circonstance, reconnaître l'absence de visa prussien sur des papiers écrits en latin (des *celebret* de l'évêque de Quimper et de Léon) qu'ils présentèrent en guise de passe-port. Poursuivre leur mission était désormais impossible; ils se résignèrent, après avoir assité à Genève, aux obsèques du maréchal Randon, à reprendre la route de France, et ils vinrent à Bordeaux rendre compte de leur mission, après quoi ils rentrèrent à Brest le 1er février 1871, rapportant de leur pénible odyssée, la conscience d'avoir fait tout ce qui était humainement possible pour mieux réussir et la satisfaction d'avoir pu, chemin faisant, donner à quelques familles de Montpellier, de Rochefort et de Lorient des nouvelles de ceux de leur membres qu'ils avaient vus en Allemagne.

Brest. — Imp. J. B. Lefournier aîné.

9 7 8 2 0 1 2 3 9 5 7 5 6